CORPS LÉGISLATIF.

# DISCOURS

PRONONCÉ

PAR LAHARY (de la Gironde),

ORATEUR DU TRIBUNAT,

*Sur le projet de loi, Titre V, livre III du Code civil, intitulé du* Cautionnement.

CITOYENS LÉGISLATEURS,

LES divers rapports des hommes en société sont l'origine ou la cause de tous les engagemens qui se forment entre eux.

De-là résulte une vérité fondamentale que le législateur ne doit jamais perdre de vue :

A

C'est que l'éternelle sagesse n'a établi ces rapports nécessaires entre les hommes, et ne les a ainsi placés dans la dépendance les uns des autres que pour leur inspirer une bienveillance réciproque, pour les unir plus étroitement par les liens de la fraternité, et pour les rappeler sans cesse à cette loi primitive qui leur défend de se haïr et de se nuire, qui leur prescrit de s'aimer et de se secourir mutuellement; loi précieuse et conservatrice, qui rapproche par le besoin l'homme de son semblable, qui concilie parfaitement ses droits et ses devoirs, qui fait sortir l'intérêt général de la combinaison même des intérêts privés; qui, en un mot, fonde sur les grands principes de la morale universelle et le bonheur individuel et le maintien de l'ordre social!

Ainsi plus les lois civiles seront en concordance avec cette loi primitive, et plus infailliblement elles atteindront ce double but de leur institution.

C'est en effet de ce droit naturel, gravé dans nos ames, que découlent comme de leur source ces éternelles notions de justice et d'équité qui font la base essentielle de toutes les conventions, de toutes les obligations, de tous les engagemens.

Si donc les règles destinées à les régir n'étoient pas en parfaite harmonie avec lui, si elles contrarioient ce droit ou le blessoient essentiellement, elles ne seroient dès lors ni vraies, ni justes, ni conformes au principe dont elles doivent émaner.

Très-heureusement, citoyens Législateurs (et nous pouvons le proclamer avec orgueil du haut de cette tribune), très-heureusement nos nouvelles lois offrent le plus rare modèle de cette précieuse harmonie; et l'on ne peut pas comme autrefois leur reprocher de s'être un seul instant écartées de ce principe régulateur.

Vous en trouverez, citoyens Législateurs, une nouvelle preuve dans le projet qui doit se discuter aujourd'hui devant vous.

Tous les engagemens, de quelque nature qu'ils soient, sont ou volontaires ou forcés. Les uns naissent du consentement mutuel des parties contractantes; les autres résultent ou de la loi elle-même, ou d'un fait personnel permis ou réprouvé.

Ceux-là sont obligatoires par la force de la convention; ceux-ci le deviennent ou par la seule autorité de la loi, ou par les règles non moins sacrées de l'équité.

Les premiers font la matière du titre II du livre III du code civil, intitulé: *Des contrats ou des obligations conventionnelles en général.*

Les derniers sont rangés dans la classe *des engagemens qui se forment sans convention*; et ils font le sujet du titre III du même livre.

Après avoir fixé les règles générales et particulières sur ces divers genres d'obligations, il étoit indispensable, pour compléter notre droit sur cette matière, de s'occuper de leurs accessoires et de leurs suites.

Tel a été le but du titre IV, relatif *à la contrainte par corps en matière civile*; et tel est aussi l'objet du titre V, intitulé *du cautionnement*, dont le Tribunat a voté l'adoption, et qu'il m'a chargé de vous soumettre.

L'orateur du Gouvernement, en présentant ce projet, vous a dit, citoyens Législateurs, « que le développement des motifs d'une loi sur un acte obscur de la vie civile *est nécessairement fort aride* ». Si ce développement lui a paru tel malgré son extrême clarté et sa rare précision, comment pourrois-je me flatter moi-même de répandre quelque intérêt sur un sujet qu'il me faut traiter après lui? Mais ce qui m'encourage dans la difficile tâche qui m'est imposée, c'est que le même orateur vous a observé que *ce projet de loi n'étoit pas le moins important du code*. Or, citoyens Législateurs, son importance suffit seule pour le recommander à votre attention, et pour me faire espérer que vous m'écouterez avec indulgence.

Le projet qui vous est soumis est divisé en quatre chapitres.

Le premier traite de la nature et de l'étendue du cautionnement.

Le second s'occupe de ses effets,

Soit entre le créancier et la caution,

Soit entre la caution et le débiteur,

Soit enfin entre les cofidéjusseurs; ce qui a nécessité la subdivision de ce chapitre en trois sections.

Le troisième chapitre a pour objet l'extinction du cautionnement.

Enfin le chapitre quatrième règle ce qui concerne la caution légale et la caution judiciaire.

### *De la nature et de l'étendue du cautionnement.*

Je crois utile d'ouvrir ma discussion par deux observations préliminaires qui frappent, et sur l'ensemble du projet de loi, et sur quelques-uns de ses détails.

Et d'abord j'observe que les règles qu'on y a établies sont puisées dans cette *raison écrite* qui fournit les plus purs élémens et les notions les plus exactes, surtout en matière de contrats; qu'on y a consacré tous les principes admis, sur le cautionnement, soit par le droit romain, soit par notre ancienne jurisprudence; qu'enfin tous les articles dont ce projet se compose sont absolument conformes à ce qui se pratiquoit parmi nous; si l'on en excepte quelques légères innovations que je ferai remarquer à mesure qu'elles se présenteront.

J'observe, en second lieu, que bien que le cautionnement soit l'accessoire de l'obligation à laquelle il se rattache, il en est cependant très-distinct, et qu'il en diffère même essentiellement sous quelques rapports.

En effet, s'agit-il d'apprécier la validité, l'étendue, la durée, l'extinction du cautionnement; alors il se règle par les mêmes principes qui régissent l'obligation principale.

S'agit-il d'en déterminer la nature et les effets à l'égard du créancier, du débiteur et des cofidéjusseurs; alors le cautionnement se détache en quelque sorte de l'obligation principale, et il est soumis à des règles toutes particulières.

Ainsi, par exemple, lorsque plusieurs débiteurs, sans stipuler la solidarité, s'obligent au paiement d'une somme, soit que l'un d'eux en ait seul profité, soit qu'ils l'aient tous également partagée, l'obligation se divise de plein droit entre eux, et ils ne sont tenus chacun que de sa part et portion.

Au contraire, lorsque plusieurs fidéjusseurs s'obligent au paiement d'une même dette sans stipuler le bénéfice de division, leur obligation ne peut être scindée, et chacun d'eux est nécessairement tenu, par l'essence même de l'engagement, de la totalité de la dette.

Mais, dira-t-on, pourquoi cette distinction entre les codébiteurs non solidaires et les simples cofidéjusseurs? Pourquoi? la raison en est sensible:

C'est que les codébiteurs ne sont censés s'être engagés que pour la partie de la dette qui les concerne individuellement et que les cofidéjusseurs sont réputés s'être obligés pour le tout, si dans l'un et l'autre cas l'acte ne contient pas de stipulation contraire;

C'est que le cautionnement ayant pour but d'assurer l'exécution de l'obligation principale doit nécessairement la garantir tout entière;

C'est en un mot que l'engagement du fidéjusseur n'est divisible que lorsqu'il exige qu'il soit divisé, ou que le créancier juge à propos de diviser lui-même son action.

Et la preuve que la loi regarde l'obligation des cofidéjusseurs comme indivisible, c'est qu'elle a établi en leur faveur le bénéfice de division; ce qui certes auroit été bien inutile ou bien superflu, si cette division eût dû s'opérer de plein droit.

Ainsi ce seroit une erreur d'argumenter ici d'un cas à l'autre, de comparer les cofidéjusseurs à de simples coobligés, et de confondre deux obligations, qui étant de diverse nature doivent sous certains rapports produire des effets tout différens.

Le projet de loi a donc rendu hommage aux véritables principes en distinguant l'obligation principale de l'obligation accessoire, et en décidant dans l'art. 15 que, « lorsque plusieurs personnes se sont rendues cautions » d'un même débiteur pour une même dette, elles sont » obligées chacune à toute la dette. »

J'ai cru, citoyens Législateurs, ne pouvoir me dispenser d'insister sur ce point, parce qu'il a été fait de graves objections à cet égard, et qu'il étoit de mon devoir d'y répondre pour justifier cet article du projet.

Je n'ai jeté qu'un léger coup d'œil sur le système

général du projet de loi; je vais maintenant le considérer dans ses détails.

Vous ne vous attendez pas sans doute, citoyens Législateurs, que j'analyse tous les articles dont ce projet se compose; car il en est de si clairs et de si précis, qu'ils ne sont susceptibles d'aucun commentaire. Il en est encore qui sont d'une vérité et d'une justice si évidentes, qu'ils portent en eux-mêmes le motif de leur propre décision, et que je ne pourrois les développer sans les copier littéralement.

Je me bornerai donc, pour ne vous point fatiguer par d'inutiles répétitions, à l'examen de ses dispositions les plus importantes. Je ferai même d'autant plus d'efforts pour abréger cet examen, qu'il me seroit impossible de rien ajouter de nouveau à tout ce qui a été dit dans l'exposé des motifs et dans le rapport fait au Tribunat.

Le projet définit d'abord ce que c'est que l'engagement du fidéjusseur:

« Celui, dit l'article premier, qui se rend caution » d'une obligation, se soumet envers le créancier à » satisfaire à cette obligation, si le débiteur n'y satisfait » pas lui-même. »

Il est peu de définitions qu'on puisse comparer à celle-là. Il n'en est pas du moins de plus précise, de plus exacte, ni de plus complète, j'oserai même dire de plus féconde; car elle tient lieu de principe, et presque tous les articles du projet en dérivent comme autant de conséquences nécessaires.

Il suit en effet de cette définition que le cautionnement ayant pour objet de garantir l'obligation principale, il n'est et ne peut être que l'accessoire de cette obligation; que par conséquent l'on doit, comme je l'ai déja observé, les juger l'un et l'autre par les mêmes principes dans tout ce qui est relatif à leur existence, à leur validité, à leur étendue, à leur durée, à leur extinction, parce que ce sont là autant de caractères qui leur sont communs.

Voici donc comment les rédacteurs du projet de loi ont raisonné et dû raisonner à cet égard pour établir les règles de ce genre de contrat.

S'il n'existe pas d'obligation, il est de toute évidence qu'il ne peut exister de cautionnement, puisqu'il est impossible de concevoir seul et isolé un acte qui suppose nécessairement une première obligation à laquelle il doit servir de garantie.

Si l'obligation a pour objet une somme déterminée, le cautionnement peut bien n'être contracté que pour une partie de cette somme; mais il ne peut aucunement l'excéder, parce qu'il impliqueroit contradiction que l'engagement accessoire fût plus considérable que l'engagement principal.

Si pourtant le cautionnement excède le montant de l'obligation, sera-t-il nul ? Non ; il sera seulement réductible à la mesure de l'obligation principale. Or rien n'est plus raisonnable que cette disposition ; car celui qui a promis le plus a nécessairement promis le moins, et la réduction qui s'opère en ce cas, loin de lui nuire, est toute dans son intérêt.

Si l'obligation a un terme fixe d'échéance, le cautionnement ne peut être prorogé au-delà de ce terme. Comment en effet le fidéjusseur pourroit-il rester obligé quand l'engagement qui le lie se trouve expiré ? Ne seroit-ce pas étendre son engagement au-delà des bornes dans lesquelles il a voulu lui-même le circonscrire ?

Si l'obligation est anéantie par quelqu'une des causes qui la font cesser, le cautionnement cesse aussi et disparoît avec elle. Alors il n'y a plus d'obligation ; donc il ne peut y avoir de cautionnement.

Enfin si l'obligation est prohibée par la loi, ou contraire aux bonnes mœurs ou à l'ordre public, le cautionnement ne peut pas plus subsister que l'obligation elle-même, parce qu'étant nulle de *plein droit* elle entraîne nécessairement la nullité du cautionnement.

J'ai dit qu'une telle obligation est *nulle de plein droit*, et c'est ce qu'il faut bien distinguer ; car si l'obligation, valable en elle-même, n'étoit susceptible d'être rescindée que par une exception personnelle au débiteur, comme dans le cas de la minorité, le cautionnement n'en devroit pas moins avoir tout son effet.

J'ajoute que si la nullité de l'obligation n'étoit que relative, comme dans le cas de l'erreur, de la violence ou du dol, elle ne feroit pas tomber le cautionnement *ipso facto*, et sans l'appui de l'action en rescision. Et pourquoi subsisteroit-il indépendamment de cette nullité ? parce qu'il dépendroit du débiteur d'opposer l'exception qui en résulte, ou d'y renoncer ; parce que l'erreur, le dol et la violence peuvent se couvrir, se remettre et se prescrire ; parce que cette prescription ou cette remise suffiroit seule pour valider ce qui n'est pas frappé d'une nullité absolue ; parce qu'enfin l'obligation ainsi validée prendroit tous les caractères d'une obligation légale, et valideroit elle-même le cautionnement en le purgeant du vice originaire dont il étoit entaché.

Quand est-ce donc que le cautionnement est absolument nul, et que par l'effet de cette nullité il tombe et s'évanouit avec l'obligation principale ? Je l'ai dit et je crois utile de le répéter ; c'est uniquement lorsque cette obligation est prohibée par la loi, ou contraire aux bonnes mœurs ou à l'ordre public.

Telle est au reste la disposition des articles 15, 17, 31 et 33 du premier chapitre du titre *des contrats ou des obligations conventionnelles en général.*

Le cautionnement étant un contrat de bienfaisance et ayant pour objet la garantie de la dette, il doit être permis de se rendre caution sans ordre et même à l'insu de celui pour qui l'on s'oblige; car, d'un côté, il n'est pas présumable qu'il puisse refuser l'avantage gratuit qu'on veut lui procurer; et, de l'autre, il ne peut empêcher que le créancier ne prenne ses sûretés indépendamment de son consentement, quand il ne les lui a pas données lui-même.

Il peut arriver que le créancier ne trouve pas une première caution suffisamment solvable, et qu'il en exige une autre pour répondre de sa solvabilité. Le projet a donc dû permettre aussi ce double cautionnement.

L'engagement du fidéjusseur ne peut avoir plus d'étendue que celui qu'il a voulu lui donner. Il faut donc le restreindre dans ses justes limites. S'il est borné au capital de l'obligation principale, il n'embrasse ni les intérêts ni les frais. Il en est autrement si le cautionnement est indéfini. En ce cas, il comprend non seulement la totalité de la dette, mais encore tous ses accessoires, même les frais de la première demande et tous ceux postérieurs à la dénonciation qui en aura été faite au fidéjusseur.

Le cautionnement seroit illusoire si le fidéjusseur n'avoit ni la capacité de contracter, ni une solvabilité suffisante pour répondre de l'exécution de l'obligation. Le projet a donc dû prescrire impérieusement ces deux conditions. Il a dû exiger aussi que les immeubles, sur lesquels s'appuie la solvabilité du fidéjusseur, ne fussent ni litigieux, ni situés à une trop grande distance du lieu où doit se faire la discussion; car dans ces deux cas les poursuites deviennent infiniment difficiles, toujours onéreuses et quelquefois inutiles.

Enfin l'article 10 du premier chapitre veut que lorsque la première caution est devenue insolvable il en soit donné une autre. Il n'apporte une exception à cette règle que dans le cas où le créancier a désigné lui-même la personne qu'il préféroit pour caution.

C'est ici une innovation à la disposition du droit romain et à l'usage consacré par la jurisprudence.

Mais cette innovation est fondée en justice et en raison, puisque le créancier n'a contracté avec le débiteur que sous la garantie du cautionnement. Il n'en est pas de même lors que le créancier a fait une loi au débiteur de lui donner pour caution une personne de son choix; il est dès-lors censé s'en être contenté et n'en avoir pas voulu d'autre. Or il est tout aussi juste, en ce cas, que l'insolvabilité survenue retombe à sa charge.

Après avoir déterminé la nature et l'étendue du cautionnement, le projet règle, dans le second chapitre, les effets qu'il doit produire entre le créancier et la caution, entre la caution et le débiteur, et entre le créancier et les cofidéjusseurs.

C'est ici que le cautionnement, considéré sous d'autres rapports, va être soumis à d'autres règles.

*De l'effet du cautionnement entre le créancier et la caution.*

On sait que par l'ancien droit romain le créancier pouvoit contraindre la caution à lui payer la dette sans être obligé de faire aucune poursuite contre le débiteur. Cette rigueur étoit aussi excessive que contraire à la nature et à l'objet même du cautionnement, qui ne soumet le fidéjusseur au paiement de la dette que dans le cas où le débiteur ne peut lui-même y satisfaire. Il étoit donc juste de la faire cesser, et de venir au secours de ceux qui, en s'obligeant pour autrui, n'avoient point entendu que cet acte de bienfaisance pût leur devenir nuisible. Tel fut le but que se proposa l'empereur Justinien en introduisant en leur faveur le bénéfice de discussion ? La jurisprudence avoit adopté ce droit nouveau ; ce droit étoit fondé sur la faveur due au cautionnement ; le projet de loi a donc dû aussi le consacrer.

Ce bénéfice, au reste, étant moins un droit rigoureux qu'une exception purement facultative, le fidéjusseur est libre de la faire valoir ou d'y renoncer.

Il peut faire cette renonciation soit par une clause expresse, soit en s'engageant solidairement avec le débiteur ; et, en ce dernier cas, son engagement se réglera par les mêmes principes que la loi a établis pour les dettes solidaires.

Mais dans le cas où il n'y aura ni renonciation, ni solidarité de sa part, il aura le droit d'exiger que le créancier discute préalablement la solvabilité du débiteur.

Le bénéfice de division étant une exception personnelle à la caution, il en résulte évidemment que le créancier ne doit poursuivre le débiteur principal que lorsqu'elle le requiert. Mais quand doit-elle le requérir ? Sera-ce en tout état de cause ? Non ; cette réquisition devra être faite sur les premières poursuites dirigées contre elle.

Il ne suffit pas que le fidejusseur requière la discussion ;

il doit encore *indiquer au créancier les biens du débiteur principal et avancer les deniers suffisans pour faire la discussion*; mais il ne doit indiquer ni des biens situés hors l'arrondissement du tribunal d'appel du lieu où le paiement doit être fait, *ni des biens litigieux, ni ceux hypothéqués à la dette qui ne sont plus en la possession du débiteur.*

Telle est la disposition littérale de l'article 13.

Cet article a été combattu par un de nos collègues qui a cru y voir une double injustice, en ce qu'il soumet le créancier à faire l'avance des frais de la discussion, et en ce qu'il ne lui permet pas d'indiquer au créancier *les biens du débiteur hypothéqués au paiement de la dette*, quand ils sont possédés par des tiers.

Je n'ai ni le temps ni la faculté d'analyser ici l'opinion qu'il a émise à cet égard. D'ailleurs cette opinion a déjà été si victorieusement réfutée, que je puis me dispenser de la réfuter une seconde fois.

J'observerai seulement que l'obligation, imposée au fidéjusseur par cet article, d'avancer *les frais suffisans* pour poursuivre le débiteur n'est point une innovation; que cela se pratiquoit déja parmi nous, et que d'ailleurs cette obligation résulte de la nature même du cautionnement.

Au surplus si la discussion est toute à l'avantage du fidéjusseur, s'il ne la requiert que pour éviter d'acquitter lui-même une dette qu'il a garantie et qu'on n'auroit pas consentie sans son cautionnement, n'est-il pas juste qu'il en avance les frais?

Quant à l'objection prise de la prohibition faite au fidéjusseur d'indiquer les biens hypothéqués à la dette qui sont possédés par des tiers, elle ne paroît ni plus solide ni mieux fondée.

Je conviens que l'hypothèque affectant le fonds, elle suit nécessairement l'immeuble qui en est grevé, en quelque main qu'il passe et quel qu'en soit le posseseur.

Je conviens encore que si les biens qui y sont soumis, quoiqu'aliénés, étoient indiqués au créancier, il pourroit exercer l'action hypothécaire contre le tiers détenteur et obtenir par elle ou le paiement de la dette, ou l'expropriation, et que par conséquent la prohibition de les indiquer peut lui soustraire ce gage de sa créance.

Mais il n'en est pas moins vrai qu'il faudroit, pour recourir sur ce gage, plaider non seulement contre le débiteur, mais encore contre l'acquéreur de l'immeuble hypothéqué; qu'un tel procès entraîneroit des retards et des longueurs, et qu'il finiroit peut-être par rendre le cautionnement plus onéreux qu'utile.

Or ce n'est sûrement pas ce qu'ont entendu, ce qu'ont voulu, soit le créancier quand il a exigé un cautionnement sûr et solide, soit le fidéjusseur quand il s'est soumis à lui garantir le prompt et facile remboursement de sa créance.

On s'est beaucoup appesanti sur les inconvéniens du mode d'exécution de la disposition relative aux *avances à faire* au créancier.

Il présente sans doute quelques difficultés; mais comme cette matière est étrangère au Code civil, et qu'elle doit être réglée par le Code judiciaire, il seroit prématuré de la discuter ici. D'ailleurs la sagesse du Gouvernement qui a surmonté tant et de si grands obstacles, saura bien faire disparoître aussi ceux qu'on paroît tant redouter.

Je croirois abuser de votre attention, citoyens Législateurs, si j'insistois plus long-temps sur des objections qui n'ont fait aucune impression sur l'esprit des membres du Tribunat, et qui n'auront sûrement pas plus de succès auprès de vous.

Lorsque le fidéjusseur aura satisfait à la double obligation qui lui est imposée par l'article 13, et que le débiteur sera devenu insolvable par le défaut de poursuites de la part du créancier, sur qui retomberont les suites de cette insolvabilité? Ce sera sur le créancier; et cela est d'autant plus juste qu'ayant négligé de le poursuivre, il aura à s'imputer d'avoir occasionné cette insolvabilité, ou du moins de ne l'avoir pas prévenue par les diligences qu'il devoit faire?

D'après l'article 15, dont j'ai déjà rappelé la disposition, si plusieurs personnes se rendent caution pour une même dette, *chacune d'elles répond de la totalité de cette dette.*

Dans l'ancien droit romain, les cofidéjusseurs, qui s'étoient engagés pour un seul et même débiteur, étoient solidairement responsables de la dette. Mais l'empereur Adrien jugea à propos de modifier cette solidarité en leur accordant le bénéfice de division, c'est-à-dire la faculté de répartir entre eux la dette pour n'en payer chacun que sa part et portion.

Le projet de loi admet encore cette exception en faveur des cautions : ainsi chacune d'elles, à moins qu'elle n'y ait renoncé, pourra exiger que le créancier divise préalablement son action et la réduise à la part et portion de chaque caution. Si cependant il y avoit précédemment des cautions insolvables, cette caution seroit tenue proportionnellement de ces insolvabilités; mais elle ne pourroit être recherchée pour celles qui seroient survenues postérieurement.

Par la même raison, si le créancier a jugé à propos de

diviser lui-même son action, il ne pourra revenir contre cette division, et toutes les insolvabilités antérieures devront tomber à sa charge ; ce qui paroît d'autant plus raisonnable, que pouvant antérieurement en rejeter le poids sur les cofidéjusseurs, et n'ayant pas usé de cette faculté, il est censé y avoir formellement renoncé.

*De l'effet du cautionnemtnt entre la caution et le débiteur.*

Ici le projet distingue trois hypothèses : 1°. le cas où la caution aura payé sur les poursuites dirigées contre elle ; 2°. celui où elle auroit payé sans avertir le débiteur ou sans être poursuivie ; 3°. celui où des circonstances impérieuses la forceroient à agir contre le débiteur, même avant d'avoir payé.

Dans le premier cas, soit que le cautionnement ait été donné au su ou à l'insu du débiteur, la caution qui a payé a son recours contre le débiteur principal ; et ce recours a lieu, tant pour le principal que pour les intérêts et les frais, depuis qu'elle a dénoncé au débiteur les poursuites dirigées contre elle, et enfin pour les dommages et intérêts s'il y a lieu.

Qui ne voit, que ce recours est d'une justice évidente ? Comment en effet ne pas accorder à la caution le droit de répéter contre le débiteur tout ce qu'elle a été contrainte de payer à sa décharge ?

Mais il est tout aussi juste de le lui refuser lorsqu'elle a bénévolement payé sans être poursuivie, et sans avoir averti le débiteur principal ; car ce débiteur pouvoit avoir des exceptions à faire valoir, des compensations à opposer, en un mot des moyens quelconques de faire déclarer la dette éteinte ; et il lui a été impossible de les proposer, si la caution lui a laissé ignorer les poursuites dirigées contre elle.

Il étoit juste encore de refuser ce recours à la caution, dans le cas où, ignorant un premier paiement par elle fait, le débiteur auroit payé une seconde fois. Mais dans l'un et l'autre cas le projet a dû réserver et réserve en effet au fidéjusseur l'action en répétition contre le créancier.

Le projet donne aussi à la caution, même avant d'avoir payé, la faculté d'agir contre le débiteur principal, pour être par lui indemnisée,

1°. Lorsque la caution est poursuivie en justice pour le paiement;

2°. Lorsque le débiteur a fait faillite ou est en déconfiture;

3°. Lorsque le débiteur s'est obligé de rapporter sa décharge;

4°. Lorsque la dette est devenue exigible par l'échéance du terme sous lequel elle avoit été contractée;

5°. Enfin, au bout de dix années, lorsque l'obligation n'a point un terme fixe d'échéance, à moins que l'obligation principale ne soit pas de nature à pouvoir être éteinte avant un temps déterminé.

Tel seroit, par exemple, le cautionnement contracté en faveur d'un tuteur. Celui qui dans ce cas consent à être caution, doit connoître la nature et l'étendue des obligations qu'il contracte. Il a dû savoir que l'engagement qui résulte de l'administration de la tutelle ne peut finir même avec elle, mais uniquement lorsque le tuteur s'est libéré.

S'il y a plusieurs débiteurs principaux, solidaires d'une même dette, le projet veut que le fidéjusseur, qui les a tous cautionnés, ait contre chacun d'eux le recours pour la répétition du total de ce qu'il a payé.

Cette disposition, qui n'aggrave nullement le sort des différens débiteurs, est fondée sur la justice due à la caution. Elle a acquitté ce que chacun d'eux s'étoit obligé de payer. La loi pourroit-elle lui refuser le droit de choisir celui contre lequel elle voudra diriger sa demande ?

Par une de ces subtilités qu'on regrette de trouver si souvent dans les lois romaines, elles décidoient que la caution ne pouvoit sans une subrogation expresse, ou sans que le juge l'eût prononcée, répéter de ses cofidéjusseurs ce qu'elle avoit payé à leur décharge.

Le projet de loi est beaucoup plus sage ; il veut, dans l'article 23, que lorsque plusieurs personnes ont cautionné un même débiteur, la caution qui a acquitté la dette puisse avoir recours contre les autres cautions, chacune pour sa part et portion, pourvu toutefois qu'elle n'ait payé que dans l'un des cas énoncés en l'article 22 ; c'est-à-dire quand elle y aura été contrainte.

Je viens maintenant au chapitre III, qui détermine les causes qui éteignent le cautionnement.

### *De l'extinction du cautionnement.*

Et d'abord le projet décharge la caution dans tous les cas où l'obligation principale est éteinte.

Comment, en effet, la caution pourroit-elle être engagée lorsqu'il n'y a plus d'obligation qui puisse être l'objet du cautionnement?

Le projet ne regarde pas la confusion qui s'opère dans la personne du débiteur principal ou de la caution comme une cause d'extinction du cautionnement. Il déclare au contraire que lorsque le débiteur principal et la caution deviennent héritiers l'un de l'autre, l'action du créancier subsiste contre celui qui s'est rendu caution de la caution.

L'article 27 permet à la caution d'opposer au créancier toutes les exceptions qui appartiennent au débiteur principal, mais pourvu qu'elles soient inhérentes à la dette, comme celles qui résultent de l'erreur, du dol et de la violence.

Quant à celles qui sont personnelles au débiteur, elles sont absolument étrangères à la caution, et conséquemment il ne lui est pas permis d'en faire usage.

Le fidéjusseur doit sans doute s'interdire tout ce qui pourroit compromettre la garantie de l'obligation qu'il a cautionnée. Mais, de son côté, le créancier ne doit-il pas s'interdire aussi tout ce qui tendroit à ravir au fidéjusseur les moyens d'être indemnisé du cautionnement qu'il a fourni? C'est pour maintenir entre eux ce devoir de réciprocité que le projet décharge le fidéjusseur de son obligation, lorsque la subrogation aux droits, hypothèques et priviléges du créancier, ne peut plus, par le fait de ce créancier, s'opérer en sa faveur.

L'acceptation que le créancier auroit faite d'un immeuble en paiement de la dette, décharge également la caution, encore que le créancier vienne à être évincé. La caution n'a garanti que la première obligation, et, comme je l'ai dit, on ne peut étendre le cautionnement au-delà de l'objet pour lequel il a été contracté.

Mais la simple prorogation de terme accordée par le créancier au débiteur principal ne décharge point la caution.

Cette disposition, qui déroge à la loi romaine, paroît au premier coup d'œil un peu rigoureuse contre la caution, sur-tout si l'on réfléchit que le débiteur peut devenir insolvable pendant la prorogation du terme, et que cette insolvabilité retomberoit sur la caution, sans même qu'elle eût consenti à cette prorogation.

Mais si l'on considère que le même article a sagement réservé à la caution le droit de poursuivre, en ce cas, le débiteur pour le forcer au paiement, et qu'il lui a ainsi fourni le moyen d'empêcher que cette prorogation ne lui devienne funeste, on sera forcé d'avouer qu'il n'a rien que de conforme à la raison, à la justice et à la morale.

Je n'ai qu'un mot à dire sur la caution légale et judiciaire dont il est traité dans le chapitre IV.

*De la caution légale et de la caution judiciaire.*

Ici le projet marque les différences qui existent entre les effets du cautionnement légal ou judiciaire, et ceux du cautionnement conventionnel.

Il veut que toutes les fois qu'une personne est obligée par la loi ou par une condamnation à fournir une caution, cette caution remplisse les conditions prescrites par les articles 8 et 9 du présent titre.

La caution en effet seroit inutilement offerte, si elle n'étoit capable de s'engager; si ses biens n'étoient pas libres et suffisans; en un mot, si elle ne présentoit toutes les garanties et toutes les sûretés que la loi est en droit d'exiger.

Le projet veut encore que la caution soit susceptible de la contrainte par corps; mais si le débiteur n'en peut trouver une qui veuille s'y soumettre, il l'autorise à donner à sa place un gage en nantissement suffisant.

Enfin il veut que la caution judiciciaire et celle qui

l'a cautionnée ne puissent demander ni la discussion du principal débiteur, ni celle de la caution.

Ces dispositions paroîtroient sans doute trop rigoureuses si elles s'appliquoient aux cautions conventionnelles; mais elles ne concernent que les cautions légales et judiciaires. Or, ces sortes de cautions contractent avec la loi ou avec ses ministres; et dès lors elles doivent présenter la plus forte comme la plus sûre de toutes les responsabilités.

Ici se termine ma tâche, citoyens Législateurs. Puissé-je l'avoir dignement remplie!

Le Tribunat a voté l'adoption du projet de loi qui vous est soumis.

Il a reconnu qu'il étoit infiniment difficile de faire une bonne loi sur le cautionnement, et que néanmoins les rédacteurs de ce projet avoient très-heureusement surmonté cette grande difficulté.

Il a reconnu que ce projet a parfaitement réglé les droits des créanciers, des débiteurs et des fidéjusseurs; qu'il a sagement tracé leurs devoirs réciproques; qu'il a merveilleusement concilié leurs divers intérêts.

Enfin il a reconnu que toutes les règles qui y sont tracées sont autant d'émanations de ces principes d'éternelle raison, avec lesquels elles doivent se raccorder pour être justes.

C'est, n'en doutons pas, citoyens Législateurs, c'est par cet heureux accord et cette précieuse harmonie qui se font remarquer dans nos nouvelles lois; c'est par les soins qu'a pris le Gouvernement de les bien coordonner avec les principes dont elles ne sont que les conséquences; c'est sur-tout par cette morale universelle qui y est répandue et qui sert de base à leurs dispositions; c'est, dis-je, par tous ces caractères éminens qui le distinguent, que notre Code civil s'élève majestueusement au milieu des ruines de toutes les législations, et qu'il offrira bientôt à l'Europe étonnée un des plus beaux monumens qu'ait produits le dix-neuvième siècle, un des plus grands bienfaits qu'il ait pu léguer aux races futures.

Heureux le peuple, lorsque son gouvernement et ses magistrats sacrifient de concert leurs travaux et leurs veilles pour lui donner de telles lois ! Plus heureux les législateurs qui les ont promulguées, puisqu'elles leur assurent les bénédictions de leurs contemporains et la reconnoissance de la postérité !

Le Tribunat vous propose, citoyens Législateurs, l'adoption du projet de loi *du cautionnement.*

A PARIS, DE L'IMPRIMERIE NATIONALE.
Ventose an 12.

www.ingramcontent.com/pod-product-compliance
Lightning Source LLC
LaVergne TN
LVHW020452230826
846091LV00008BA/3159
* 9 7 8 2 0 1 3 5 8 9 1 9 2 *